# BEN
## KINDLER

**Frühling, Sommer, Herbst, Asien!**
**Ben Kindlers Aromen in der badischen Küche**

![Frau ordnet Küchenschublade mit bulthaup b3 System]

Jeder hat individuelle Wünsche und Bedürfnisse und seine eigene Ordnung.
Wir haben das passende System. bulthaup b3 passt sich Ihren Vorstellungen an,
immer und immer wieder.

Die Küche – Marc Boehlkau
Wallstraße 12-14a. 79098 Freiburg
Tel. 0761 23545. www.freiburg.bulthaup.de

# Inhalt

**Alle nachfolgenden
Rezepte sind für
3 bis 4 Personen notiert.**

bensels
World of Food!

bensels
Kochschule

Kochbuch aufschlagen, strammstehen, Pfanne noch üüüünd Herd an. Brettchen raus und bitte alles nach Angabe schneiden und zubereiten. Wer ab sofort nicht nach Rezept kocht, der hat total verloren. Sonst wird das nichts. Und los geht's. Einen Blick ins Buch, an die Pfanne, und wieder schneiden auf dem Brett. Buch, Pfanne, Brett. Buch, Pfanne ... Mist, das Salz kommt eigentlich noch gar nicht rein. Oh weia, die Karotten müssten ja 1,2 cm lang sein und exakte Kanten haben. Jetzt das Fleisch einlegen. Zitter ... zitter. Hilfe, ich habe solche Angst das Fleisch einzulegen und gleich kommen meine Gäste. Wie war das nochmal? Öl in die Pfanne und dann den Fisch einlegen? Nochmals von vorne. Buch – Pfanne. Buch – Pfanne. Buch – Brett. Salz, Pfeffer, Fleisch! Ahhh. Schon wieder die falsche Reihenfolge.

Halt, lassen Sie mich mal erklären, wie das mit dem Kochen funktioniert. Machen Sie es sich mit einer Tasse Kaffee gemütlich. Schlagen Sie mein Magazin auf einer beliebigen Seite auf und tauchen Sie ein in eine Welt voller Aromen. Eine Welt zwischen Heimat und fernen Ländern. Respekt vor Lebensmitteln, liebevoller Umgang mit Produkten, die unsere Region bietet. Bodenständige Küche und Basics für Zuhause, für den Alltag, verfeinert mit exotischen Gewürzen, Kräutern und Düften. Lassen Sie sich inspirieren. Nehmen Sie  Ideen und ein paar Tipps und Tricks mit Genuss und Vorfreude auf, um diese dann mit Spaß und Freude am Herd auszuprobieren. Gehen Sie dann einkaufen. Kaufen Sie die Lebensmittel, auf die Sie Lust haben. Kochen Sie, wie es Ihnen gefällt. Schlagen Sie nach, wenn Sie sich nicht sicher sind. Haben Sie soviel Spaß mit meinen Rezepten wie ich ihn hatte, als ich sie aufgeschrieben habe. Genießen Sie dieses Magazin, als Kochbuch, Bilderbuch oder als Quelle der Inspiration.

„Frische Bratwürste lassen sich wunderbar verarbeiten. Ob Endinger Rostbratwürstchen mit Tomatenchutney, Toskanische Grobe mit Oliven und getrockneten Tomaten oder die Kalbsbratwurst mit Mango-Ketchup und Sweet Chili-Sauce. Am besten die Wurst in dünne Scheiben schneiden. So wird jede Scheibe richtig knusprig. "

„Die Currywurst ist der perfekte Start für eine Küchenparty. "

„Bei Riesengarnelen mit Kopf kann ich mir sicher sein,
dass diese frisch sind, wenn der Kopf fest am Schwanz sitzt.
Der Kopf gibt beim Braten ein köstliches Aroma ab
und wird dann am Tisch entfernt.
Ich bevorzuge Riesengarnelen aus dem Meer, nicht aus der Zucht."

12

Gebratene Riesengarnelen mit Glasnudeln | Rezept Seite 16

„Granatapfelkerne geben orientalischen Gerichten,
die oft viele süßliche Gewürze enthalten,
eine säuerliche, frische Note. Frische Johannisbeeren
sind eine regionale Alternative."

15

Hähnchen-Tajine auf Tabouléh | Rezept Seite 16

## Gebratene Riesen-garnelen mit Glasnudeln

 großer Kalamar
 Riesengarnelen
½ Handvoll Thai Basilikumblätter
Öl zum Braten
**Paste für den Wok**
 Chilis
 Knoblauchzehen
 TL weiße Pfefferkörner
 Korianderwurzel
½ TL weißer Pfeffer
00 g Glasnudeln
**Würzsauce**
 EL Austernsauce
 EL Sojasauce
5 ml Wasser
½ TL Zucker
**Gemüse für den Wok**
 frische Babymais-Schoten
 EL Krachai
 lange rote Chili
rische Thai Basilikumblätter

Den Kalamar putzen, waschen, die Tentakeln abschneiden und gut wässern. Die Garnelen schälen, entdarmen. Die Chilis mit Knoblauch, Korianderwurzel und weißen Pfefferkörnern im Mörser zu einer feinen Paste zerstoßen. Glasnudeln 5 Min. in kochendem Wasser einweichen, abgießen und abschrecken. Alle Zutaten der Würzsauce gut miteinander verrühren. Den Krachai und die rote Chilischote in feine Streifen schneiden. In einen Wok Öl geben und die Meeresfrüchte etwa 1 Min. scharf anbraten. Die Paste hinzufügen und

Babymais hinzugeben und mitrösten. Mit einem Schluck Wasser ablöschen und einreduzieren. Den Krachai und die Chilischote hinzugeben und mitrösten. Die Sauce in den Wok gießen und durchschwenken. Die frischen Basilikumblätter darüberstreuen, einmal durchschwenken und servieren.

**Tipp:** Einige Basilikumblätter in heißem Fett frittieren und das Gericht damit ausgarnieren.

## Hähnchen-Tajine auf Tabouléh

4 Hähnchenkeulen
1 Orange (Schale & Saft)
1 TL Ingwer gehackt
1 TL Kreuzkümmel
½ TL Zimt
1 TL Pfefferkörner
1 TL Koriandersamen
6 EL Olivenöl
2 Knoblauchzehen
50 g Mandelkerne
2 EL Tomatenmark
1/8 l trockener Weißwein
1 Peperoni
Salz und Pfeffer aus der Mühle
1 Bund Petersilie
**Tabouléh**
120 g Couscous
240 ml Pfefferminztee
1 EL Razel Hanout (marokkanische Gewürzmischung)
½ EL Kurkumapulver
2 EL Karottenwürfel
2 EL Lauchzwiebel geschnitten
1 TL Knoblauch
1 TL getrocknete Tomaten

1 Zweig Koriander grob gehackt
2 EL Olivenöl
1 Prise Chilipulver
1 kleiner Granatapfel

Im Mörser erst die Gewürze zerstoßen, dann Ingwer und Knoblauch hinzugeben und zu einer Paste zerstoßen. Schale der Orange, eine Prise Salz und Olivenöl hinzugeben. Das Hähnchen etwa 30 Min. marinieren. Dann die Hähnchenkeulen in dem Olivenöl knusprig anbraten. Orangensaft mit Tomatenmark und dem Weißwein anrühren. Damit ablöschen und etwa 30 Min. schmoren. Mandelkerne hinzugeben. Petersilie hacken und hinzugeben. Mit Salz und Pfeffer würzen. Sauce etwas einkochen lassen und mit Peperoni und Olivenöl abschmecken.

### Für das Tabouléh:
Den Couscous in eine Schüssel geben und mit den Gewürzen mischen. Den heißen Pfefferminztee darüber gießen und alles gut durchrühren. Lauchzwiebel, Karotten und Knoblauch klein schneiden, in etwas Olivenöl knackig anbraten und untermischen. Die getrockneten Tomaten würfeln und den gehackten Koriander hinzugeben. Mit Salz, Pfeffer, Chili und Olivenöl abschmecken. Den Granatapfel halbieren, mit einem Löffel die Kerne ausklopfen und über dem Tabouléh verteilen.

**Tipp:** Nicht nur die verführerische Farbe, sondern auch der herbsüße Geschmack der Granatapfelkerne bringen Leben in Ihr orientalisches Gericht. Unreife Granatäpfel schmecken sauer. Den richtigen Reifegrad erkennen Sie von außen an der Blüte des Apfels. Sie sollte leicht geöffnet sein.

IHR REZEPT FÜR GUTE
LÖSUNGEN

<u>Zutaten</u>
Kundennähe
Kreativität
Ideen
Leidenschaft
Know how

Guten Appetit!

**ARNOLD** *Einrichtungskultur*

Humboldstraße 3 | 79098 Freiburg
www.einrichtungskultur.com

„Kaffir-Limettenblätter bekommen Sie
am besten gefroren im Asia-Laden.
So bewahren sie ihr Aroma und sind immer griffbereit.
Getrocknete Limettenblätter sind nicht geeignet."

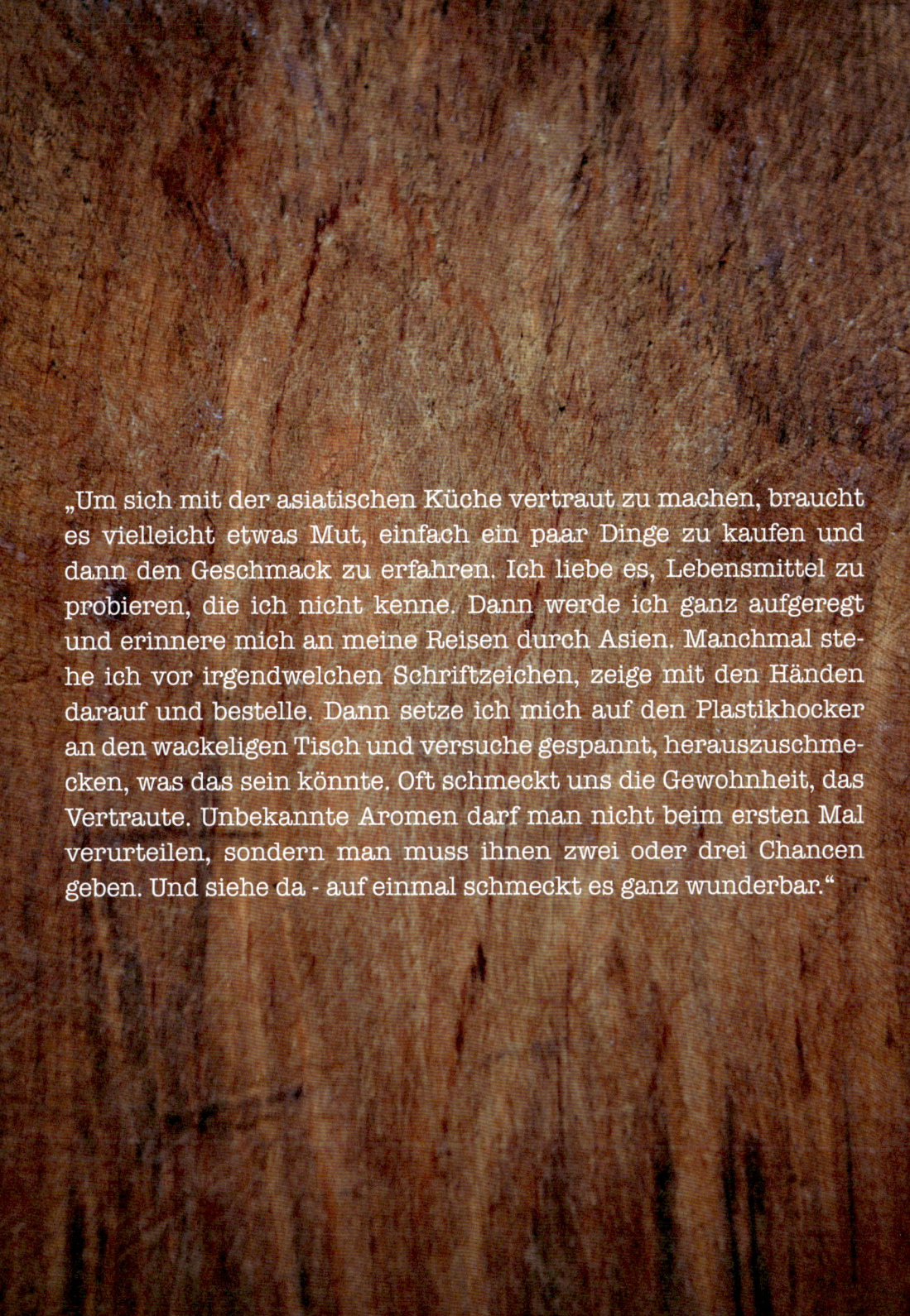

„Um sich mit der asiatischen Küche vertraut zu machen, braucht es vielleicht etwas Mut, einfach ein paar Dinge zu kaufen und dann den Geschmack zu erfahren. Ich liebe es, Lebensmittel zu probieren, die ich nicht kenne. Dann werde ich ganz aufgeregt und erinnere mich an meine Reisen durch Asien. Manchmal stehe ich vor irgendwelchen Schriftzeichen, zeige mit den Händen darauf und bestelle. Dann setze ich mich auf den Plastikhocker an den wackeligen Tisch und versuche gespannt, herauszuschmecken, was das sein könnte. Oft schmeckt uns die Gewohnheit, das Vertraute. Unbekannte Aromen darf man nicht beim ersten Mal verurteilen, sondern man muss ihnen zwei oder drei Chancen geben. Und siehe da - auf einmal schmeckt es ganz wunderbar."

19

Fischsauce

Sesamöl

Erdnussöl

Meersalz

Weißer Pfeffer

Knoblauch

Limette

Thai Chilis

Kaffir-Limettenblätter

Grundprodukte der asiatischen Küche

„Die meisten Leute denken bei Chilis nur an Schärfe, ohne dass ihnen bewusst ist, dass jede Chilisorte einen anderen Geschmack hat."

Getrocknete Vogelaugenchilis
(sehr scharf)

Rote Thai Chilis
(aromatisch scharf)

Grüne Thai Chilis
(aromatisch sehr scharf)

Orange Chilis
(fruchtig sehr scharf)

Große rote Chilis
(pikant, paprikaähnlicher
Geschmack)

Lange grüngelbe Chilis
(mittelscharf, fruchtig)

Dunkelgrüne Chilis
(herb, scharf, für Pasten)

Weiße Chilis
(extra scharf)

Rote und grüne
Vogelaugenchili

Schalotten

Thai Basilikum

Kurkumawurzel

Thai Chili

Koriander mit Wurzeln

Rote Chili

Galgant

Knoblauch

Zitronengras

Kaffir-Limettenblätter

Frische Produkte der asiatischen Küche

„Um die Qualität von Kräutern herauszufinden, verreibe ich ein paar Blätter zwischen meinen Fingern. Nach kurzer Zeit sollte sich ein herrliches Aroma entwickeln. Regionale Kräuter bekommt man in bester Qualität auf dem Markt oder im Bioladen. Asiatische Kräuter wachsen bei uns nicht so gut. Deshalb kaufe ich diese im Asia Markt. Die Kombination von asiatischen und regionalen Kräutern spiegelt die Vielfalt meiner Küche wieder."

Schwarzer Pfeffer

Zimtstangen

Koriandersamen

Kreuzkümmel

weißer Pfeffer

Nelken

Muskatblüte

Kardamom

Sternanis

Gewürze der asiatischen Küche

25

„Ich röste Gewürze in einer unbeschichteten Pfanne ohne Fett.
Sie werden intensiver und  bekommen ein schönes Röstaroma,
da sich beim Erhitzen ätherische Öle entfalten.
Herrlich, wie die Küche dann duftet."

„Salz und Pfeffer sind die wichtigsten Grundgewürze. Sie sollten immer von bester Qualität sein. Ich benutze reines Meersalz aus Portugal und wilden schwarzen Pfeffer aus dem Urwald. Frisch geröstet und grob zerstoßen gibt er meinen Gerichten den letzten Schliff."

Galgant

Limettenblätter

Kreuzkümmel

Koriander

Chilis

Koriandersamen

Knoblauch

Schalotte

Zitronengras

Ingwer

Getrocknete Chilis

Grundzutaten der einer Currypaste | Rezept Seite 34

29

„Der Mörser ist für mich eines
der wichtigsten Küchengeräte.
Gewürze, Kräuter, Nüsse und vieles mehr
entfalten beim Zerstoßen ätherische Öle."

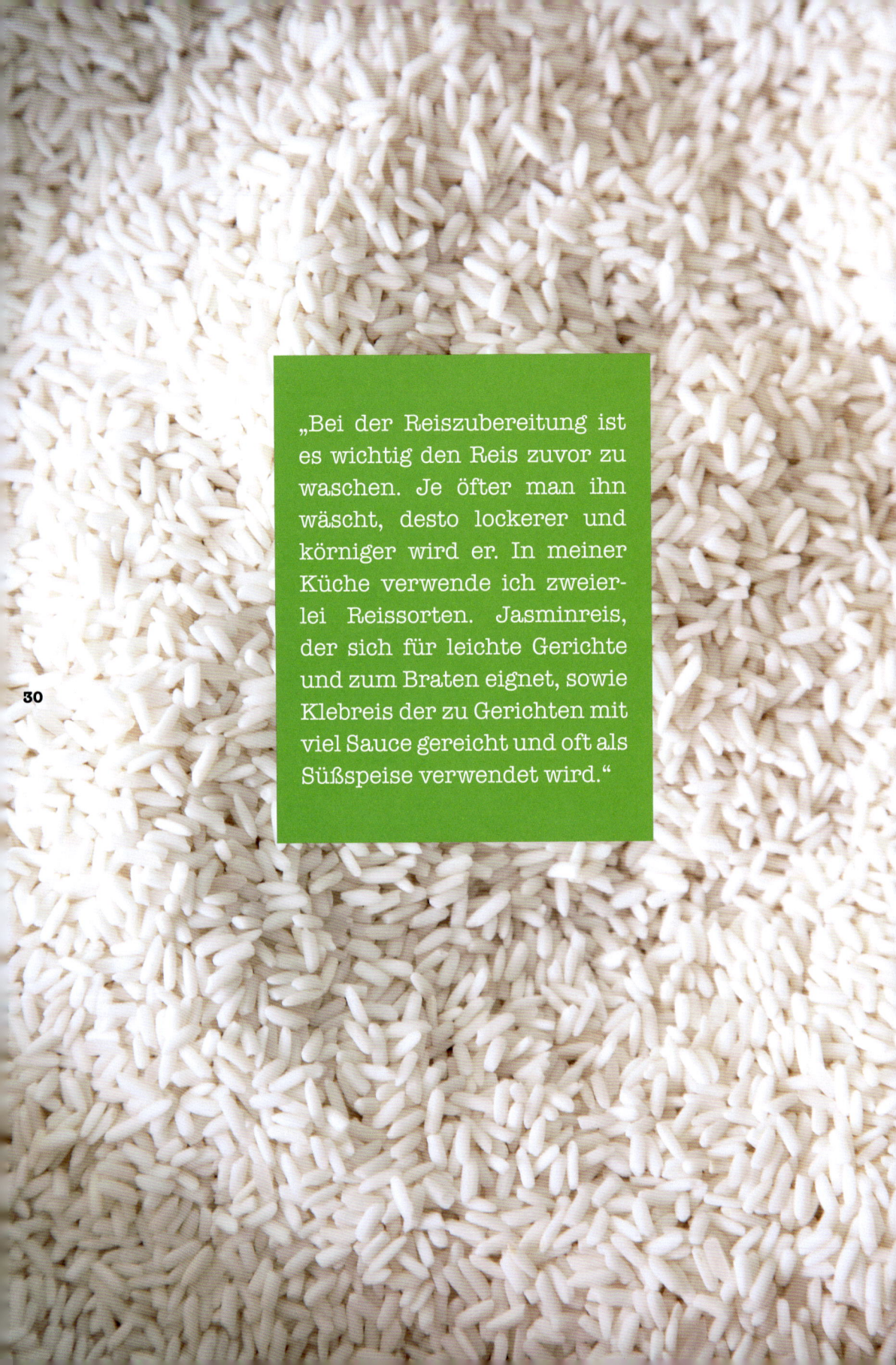

„Bei der Reiszubereitung ist es wichtig den Reis zuvor zu waschen. Je öfter man ihn wäscht, desto lockerer und körniger wird er. In meiner Küche verwende ich zweierlei Reissorten. Jasminreis, der sich für leichte Gerichte und zum Braten eignet, sowie Klebreis der zu Gerichten mit viel Sauce gereicht und oft als Süßspeise verwendet wird."

30

Kokos Klebreis | Rezept Seite 34

Wenn ich mal nicht genau weiß, was ich kochen soll, fange ich einfach mit einer Brühe an. Eine Brühe bringt mich immer wieder auf den Boden zurück. Zum Ursprung. Zum Kessel auf dem Feuer. Langsam koche ich ein Huhn oder ein Stück Fleisch mit kaltem Wasser auf. Gebe Wurzeln hinzu wie Sellerie und Karotten, Zwiebeln und Knoblauch. Eine Prise Salz. Wenn dann der erste Duft in meine Nase steigt, dann kommen mir die Ideen. Mit Gewürzen wie Koriandersamen, Kreuzkümmel, Ingwer und Limettenblättern verpasse ich der Brühe eine kleine Explosion. Schnell noch ein Stück Zitronengras einwerfen. Jetzt hat es mich gepackt. Nur noch sanft köcheln lassen, einen Hauch Chili hinzu und frische Lauchzwiebel hinein. Es ist um mich geschehen. Es ist zu spät. Ich brauche keine Idee mehr, was ich koche. Ich habe einen Fond gekocht. Er kann jetzt als herrliche Brühe gegessen oder als perfekte Basis für weitere Gerichte verwendet werden. Probieren Sie es doch auch mal.

## Gemüsefond

1 EL Salz
4 L Wasser
2 Karotten
½ Sellerieknolle
1 Stange Lauch
1 Zwiebel
1-2 Kaffir-Limettenblätter
1 TL Koriandersamen
1 TL Kreuzkümmel
1 TL Pfefferkörner
1-2 Stangen Zitronengras
2 Korianderwurzeln

Gemüse in grobe Stücke schneiden, in einem Topf mit kaltem Wasser und Salz aufkochen und etwa 30 Min. köcheln lassen. Limettenblätter, Zitronengras, Korianderwurzeln, Gewürze hinzugeben und nochmals etwa 30 Min. sanft köcheln lassen. Durch ein Sieb seihen.

## Hühnerfond

1 Suppenhuhn oder Hähnchenknochen
1 EL Salz
4 L Wasser
2 Karotten
½ Sellerieknolle
1 Stange Lauch
1 Zwiebel
1-2 Kaffir-Limettenblätter
1 TL Koriandersamen
1 TL Kreuzkümmel
1 TL Pfefferkörner
1-2 Stangen Zitronengras
2 Korianderwurzeln

Das Huhn abbrausen, mit kaltem Wasser und Salz langsam zum kochen bringen. Sobald das Wasser kocht, die Hitze reduzieren und alles eine Stunde leise köcheln lassen. Währenddessen den aufkommenden Schaum und das Fett abschöpfen.
Gemüse in grobe Stücke schneiden und mit dem Salz der Hühnerbrühe beifügen. Weitere 30 Min. köcheln lassen. Limettenblätter, Zitronengras, Korianderwurzeln, Gewürze hinzugeben und nochmals etwa 30 Min. sanft köcheln lassen. Durch ein Sieb seihen.

**Bio Weinbau** Weingut & Brennerei Andreas Dilger

chstraße 3 · 79102 Freiburg · 0761 1377111 · info@weingut-andreas-dilger.de · www.weingut-andreas-dilger.de

## Grüne Currypaste

1 TL Koriandersamen
1 TL Kreuzkümmelsamen
½ TL weiße Pfefferkörner
8-10 grüne kleine Thai Chilis, entkernt
2 Stangen Zitronengras
2 EL Galgant oder Ingwer
4 Kaffir-Limettenblätter
1 Stück Kurkumawurzel
4 Korianderwurzeln
2 kleine Schalotten
4 Knoblauchzehen
1 Prise Salz
1 TL Garnelenpaste

**34** Koriander, Kreuzkümmel und Pfeffer in einer Pfanne ohne Öl anrösten, bis das Aroma sich entfaltet und die Gewürze sich dunkel färben, dann im Mörser zu einem feinen Pulver zerstoßen. Die restlichen Zutaten fein hacken, mit Salz und Garnelenpaste in den Mörser geben und zerstampfen, bis eine geschmeidige Paste entsteht.

**Tipp:** Lässt sich im Kühlschrank mit Öl bedeckt mehrere Wochen aufbewahren.

## Reis Grundrezept

300 g Reis (Jasminreis, Thaireis, Duftreis ...)
500 ml Wasser
1 Limettenblatt
1 Stück Ingwer
1 Stange Zitronengras
1 Prise Salz

Den Reis mehrmals gut waschen. Dann das Wasser und die restlichen Zutaten in einem Topf aufkochen. Reis hineingeben und 5 Min. unter Rühren köcheln lassen. Den Topf vom Herd nehmen und den Reis 20 Min. zugedeckt ziehen lassen.

## Kokos-Klebreis

150 g Klebreis
100 g Kokosmilch
200 ml Wasser
1 Limettenblatt
1 Stück Galgant oder Ingwer
1 Prise Salz

Den Reis waschen und etwa 2 Stunden in kaltem Wasser einweichen.
Das Wasser abgießen und den Reis mit frischem Wasser, Kokosmilch und den Gewürzen in einem Topf unterrühren und langsam gar köcheln.

## Kokosnuss-Topping

50 g Kokosraspel
50 g Palmzucker
etwa 30 ml Wasser
eine Prise Salz
4 Kaffir-Limettenblätter

Kokosraspeln, Palmzucker, Salz und Wasser kurz köcheln lassen, bis sich der Zucker aufgelöst hat. Direkt über den Reis geben. Limettenblätter vom Stiel entfernen, fein hacken und hinzugeben.

# 's gibt was Gutes

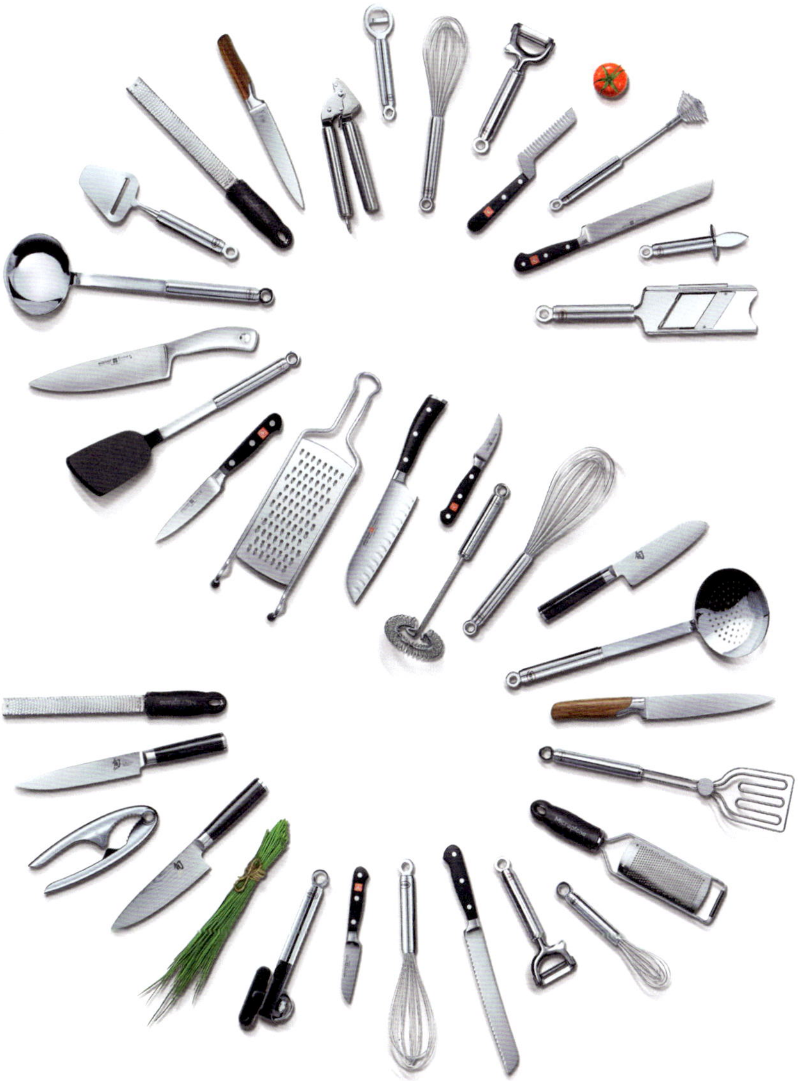

Gebratener Saibling | Rezept Seite 42

„Frischer Fisch riecht nach Meer, hat klare Augen, leuchtend rote Kiemen und die Haut federt beim Druck mit dem Finger ab.“

37

Gebratene Garnele auf Risotto | Rezept Seite 42

Ingwer-Lachs auf asiatischem Gemüsesalat | Rezept Seite 44

## Gebratener Saibling

4 Saiblingsfilet
1 EL Butter
1 EL Olivenöl
Salz und Pfeffer
Mehl
Zitronensaft
frische Kräuter

Die Filets mit Salz und Pfeffer würzen und in Mehl wenden. Das überschüssige Mehl gut abklopfen. In einer Pfanne die Butter mit etwas Olivenöl erhitzen. Den Saibling auf der Hautseite einlegen und etwa 3 Min. bei mittlerer Hitze knusprig braten. Dann wenden und nochmals frische Butter in die Pfanne geben, einen Spritzer Zitronensaft und fein gehackte Kräuter dazu, einmal aufschäumen lassen und mit der Bratbutter servieren.

**Tipp:** Scharf anbraten und dann die Hitze reduzieren. So bekommen Sie eine krosse Haut und einen sanft gegarten Fisch. Mit Butter verfeinere ich meinen Fisch dann kurz vor dem Servieren. Wer mag, kann gehackten Knoblauch hinzugeben und diesen goldgelb anrösten.

## Gebratene Garnele auf Thai Risotto

4 Black Tiger Garnelen, frisch mit Kopf
2 EL Erdnussöl zum Braten
Fleur de Sel
1 TL Thai Aromen (Zitronengras, Limettenblätter, Knoblauch)
Risotto
2 Schalotten
2 EL Thai Aromen (Zitronengras, Limettenblätter, Knoblauch)
4 weiße Pfefferkörner
¼ TL Kreuzkümmelsamen
Olivenöl zum Anschwitzen
200 g Carnaroli Reis
100 ml Weißwein
400 ml heiße Hähnchen oder Gemüsebrühe
1 TL Salz
30 g Butter
40 g geriebener Parmesan
Limettensaft

Zitronengras, Limettenblätter und Knoblauch fein hacken und die Thai Aromen herstellen. Die Schale der Garnelen vom Schwanz ablösen. Den Kopf wenn möglich dranlassen, den Darm entfernen.
Garnelen in die heiße Pfanne mit Öl legen, die Hitze etwas reduzieren und von beiden Seiten etwa 1,5 Min. anbraten. In den letzten 10 Sekunden hinzugeben und goldgelb mitrösten. Mit Fleur de Sel verfeinern.

### Für das Risotto:
Die Schalotten fein hacken. Pfeffer und Kreuzkümmel in einer Pfanne ohne Fett anrösten und im Mörser fein mahlen. Alles miteinander vermischen und zusammen mit den fein gehackten Thai Aromen in einem Topf langsam anschwitzen. Reis in Olivenöl anschwitzen, ohne dass er Farbe annimmt. Die Körner sollten glasig sein. Mit dem Weißwein ablöschen, einkochen lassen. Mit heißer Brühe aufgießen, bis der Reis knapp bedeckt ist. Ist die Brühe verkocht, wird wieder aufgegossen, bis der Risotto „al dente" ist. Vor dem Servieren mit der Butter und dem geriebenen Parmesan verfeinern und mit Limettensaft abschmecken.

## Forellentartar

200 g Forellenfilet ohne Haut
1 Schalotte
1 Chilischote
2 EL Limettensaft
1 TL Zitronengras gehackt
frischer Koriander
1 EL Olivenöl
½ TL geriebener Ingwer

Das gut gekühlte Forellenfilet fein würfeln. Schalotte schälen und fein würfeln. Chilischote entkernen, zusammen mit Ingwer und Zitronengras fein hacken. Alle Zutaten vorsichtig mischen.
Mit Salz, Pfeffer und Limettensaft würzen und für 5 Min. im Kühlschrank ziehen lassen. Zuletzt das Olivenöl einrühren und mit gehacktem Koriander verfeinern.

Wir bringen den
Atlantik-Fisch
in den Schwarzwald

**FISCHHAUS**

## Dorade mit Tamarindensauce

**Tamarindensauce**
3 EL Palmzucker
6 EL Tamarindenpüree
3 EL Fischsauce
Saft von 1 Limette
**Dorade**
1 Dorade Royal
Meersalz
Pfeffer aus der Mühle
Mehl
Sonnenblumenöl zum Braten
2 Zehen Knoblauch
1 Schalotte
3 EL Tamarindensauce
Korianderblätter

Für die Tamarindensauce alle Zutaten in einer Schüssel mit dem Schneebesen verrühren, bis sich der Zucker aufgelöst hat.

Die Dorade waschen, falls nötig mit einer Schere die Flossen abschneiden und unter fließendem Wasser mit einem Messerrücken schuppen. Den Fisch mit Salz und Pfeffer würzen, in Mehl wenden und in die heiße Pfanne mit Sonnenblumenöl legen. Etwa zwei Minuten kross anbraten, wenden, wiederum zwei Minuten kross anbraten. Hitze stark reduzieren und den Fisch etwa 4 Min. pro Seite langsam gar braten, herausnehmen und warmstellen. Knoblauch hacken, Schalotten in Streifen scheiden und

beides in der Pfanne goldgelb anrösten. Mit Tamarindensauce ablöschen und mit frisch gehacktem Koriander abschmecken.

**Tipp:** Wenn ein ganzer Fisch beim Braten einen Riss bekommt, ist das ein gutes Zeichen. Dann ist der Fisch so frisch, dass die Haut noch richtig angespannt ist.

## Ingwer-Lachs

400 g Lachs
10 g Zucker
10 g Salz
4 Scheibchen Ingwer
1 TL Sake
schwarzer Pfeffer
Olivenöl

Lachs mit Zucker, Salz, Sake und Ingwer 30 Min. marinieren. Ausgetretenes Wasser abgießen. Den Lachs trockentupfen und mit Olivenöl bestreichen. Auf ein Backblech setzen und bei 80 °C Heißluft 25 Min. im vorgeheizten Ofen garen. Mit grob gemahlenem Pfeffer bestreuen.

**Tipp:** Es gibt kaum noch Wildlachs. Wenn ich diesen nicht bekomme, verwende ich Bio-Lachs aus Schottland. Lachs kann so lecker sein, wenn er in der Mitte noch schön glasig ist.

## Asiatischer Gemüsesalat

1 EL Erdnussöl zum Braten
100 g Sprossen
1 Bund Lauchzwiebeln
12 Cherrytomaten
1 Gurke
8 EL Thai Vinaigrette (siehe Seite 54)

Sprossen in Öl kurz anbraten. Lauchzwiebeln in dünne Ringe schneiden. Cherrytomaten vierteln. Gurke in Stifte hobeln. Alle Zutaten in einer Schüssel mit der Vinaigrette kurz vor dem Servieren marinieren.

Weingut **V**orgrimmler

*Feine Burgunder Weine*

Freiburg-Munzingen
weingut@vorgrimmler.de
Tel: 07664-2489

MENSCH · NATUR · WEIN

„Glasnudelsalat ist schnell gemacht.
Nudeln mit kochendem Wasser übergießen,
ziehen lassen und das Wasser abschütten.
Beim Gemüse gibt es keine Regeln.
Frisch und bunt schmeckt es am besten."

Glasnudelsalat | Rezept Seite 54

48

„Eine wunderbare vegetarische Alternative bietet die Tofu-Vielfalt. Am besten mariniert man den Tofu über Nacht, z. B. mit Sojasauce, frischen Kräutern und Knoblauch, tupfe ihn sorgfältig ab und brate ihn scharf an. So entstehen herrliche Röstaromen."

Pad Thai - gebratene Nudeln mit Tofu und Gemüse| Rezept Seite 54

Kürbis-Kokos-Suppe mit Koriander und Chili | Rezept Seite 56

52

„Für die Tomatensauce der Thai Pizza nehme ich statt Oregano etwas grüne Currypaste und belege die Pizza mit Seafood, Peperoncini und Frühlingslauch. Das ergibt eine tolle Kombination."

Thai Pizza | Rezept Seite 56

Asiatischer Gemüsesalat mit Thai Vinaigrette | Rezept Seite 44

## Glasnudelsalat

100 g Glasnudeln
1 Frühlingslauch
1 Karotte
4 Cherrytomaten
½ Paprika
1/2 Bund Koriander
8 EL Thai Vinaigrette

Glasnudeln 5 Min. in kochendem Wasser einweichen. Abgießen und abschrecken. Frühlingslauch in dünne Ringe, Paprika in Streifen schneiden. Karotte in Streifen hobeln. Cherrytomaten vierteln. Mit dem Dressing gut marinieren. Frisch gehackten Koriander hinzugeben.

54

## Thai Vinaigrette

2 EL Fischsauce
2 EL Limettensaft
1 TL Palmzucker
2 EL Sonnenblumenöl
3 EL Sesamöl
½ TL Salz
1 Prise weißer Pfeffer gemahlen
6 Limettenblätter
1 Chili

Fischsauce mit Limettensaft, Palmzucker, Salz und Pfeffer verrühren. Chili und Limettenblätter fein hacken und hinzugeben. Die beiden Öle mit dem Schneebesen einrühren.

## Pad Thai – gebratene Nudeln mit Tofu und Gemüse

500 g getrocknete Reisnudeln
1 EL Erdnussöl
Marinade
1 EL Kokosblütenzucker
2 EL Tamarindenpaste
4 EL Fischsauce (ersatzweise Sojasauce)
6 EL Austernsauce (ersatzweise Shi Take Pilzsauce)
Wok
100 g Tofu Natur
1 TL Erdnussöl
1 Knoblauchzehe gehackt
½ Paprika
½ Bund Frühlingslauch (mit grün)
Optional Gemüse wie z.B. Grüner Spargel oder Bohnen
½ TL Chilipulver
2 EL Erdnüsse
½ Bund Schnittlauch
1 Limette

Reisnudeln ca. 15 Min. in einer Schüssel mit kaltem Wasser einweichen. Auf ein Sieb abgießen und gut abtropfen lassen. Einen Topf mit kochendem Wasser über die Nudeln geben und nochmals 5 Min. darin einweichen. Nudeln abschütten und mit kaltem Wasser gut abschrecken, abtropfen lassen und dann mit Erdnussöl gut mischen, damit sie nicht verkleben.
Für die Marinade alle Zutaten in eine Schüssel geben und mit dem Schneebesen glattrühren, bis sich der Zucker aufgelöst hat.

Tofu Natur in etwa 1 cm große Stücke würfeln. In einem Wok oder einer Pfanne Öl erhitzen und die Tofuwürfel darin goldgelb anbraten. Knoblauch mitrösten (Achtung, verbrennt schnell). Frühlingslauch in Ringe und Paprika in Streifen schneiden, das restliche Gemüse dazugeben und mitrösten. Etwas Erdnussöl nachgeben. Die kalten Nudeln dazugeben und kurz mitbraten. Dann die Marinade darüber geben, einmal durchrühren und die Nudeln anrichten. Chilipulver, gehackte Erdnüsse und Schnittlauch darüber streuen oder separat reichen. Limette über den Nudeln ausdrücken.

## Gebratener Reis

1 EL Sonnenblumenöl
400 g Reis vom Vortag
1 Schalotte geschält
1 Knoblauchzehe fein gehackt
½ Bund Frühlingslauch in Ringen
1 Paprika gewürfelt
1 Handvoll Erbsen
1 Prise Zucker, 1 Prise Salz
1 Prise weißer Pfeffer gemahlen
1 EL Korianderblätter
1 TL Sesamöl
1 TL Fischsauce
1 Limettenschnitz

Den Reis nach dem Grundrezept (Seite 34) einen Tag vorher kochen und in einer Pfanne mit etwas Sonnenblumenöl bei mittlerer Hitze anbraten. Schalotte grob

hacken, Paprika, Knoblauch und Frühlingslauch klein schneiden und kurz mitbraten. Erbsen, Zucker, Salz und Pfeffer hinzugeben. Mit gehackten Korianderblättern, Sesamöl und Fischsauce abschmecken. Mit einem Schnitz Limette servieren.

## Kürbis-Kokos-Suppe mit Koriander und Chili

2 Schalotten
2 Zehen Knoblauch
1 TL grüne Currypaste
1 mittelgroßer Kürbis
¼ l Weißwein
2 EL Fischsauce
2 Stangen Zitronengras
1 Stück Ingwer
½ l Brühe
400 ml Kokosmilch aus der Dose
Koriander

Schalotten und Knoblauch in Würfel schneiden und in Kokosfett (setzt sich oberhalb der Kokosmilch ab) langsam anschwitzen. Den Hokkaidokürbis vierteln und entkernen, mit Schale in Würfel schneiden, hinzugeben und mitrösten. Die Currypaste hinzugeben und mitschwitzen lassen. Mit Weißwein ablöschen und einköcheln lassen. Mit Brühe aufgießen, bis der Kürbis bedeckt ist. Das Zitronengras mit dem Messerrücken aufschlagen, aber nicht schneiden, den Ingwer in grobe Stücke schneiden und beides hinzugeben. Den Kürbis weich kochen. Die Kokosmilch hinzufügen, nochmals aufkochen, mit Fischsauce abschmecken. Zitronengras und Ingwer herausnehmen und die Suppe mit dem Mixstab fein pürieren. Notfalls noch mit Brühe und Kokosmilch verdünnen. Um die Suppe schön aufzuschäumen, kann auch ein Schluck Milch hinzugegeben werden. Mit gehacktem Koriander bestreuen. (Den Koriander erst kurz vor dem Servieren hacken, da er sonst sein Aroma verliert).

## Thai Pizza

Pizzateig
400 g Mehl
200 ml Wasser
1 Würfel Hefe
1 EL Olivenöl
1 TL Salz
2 TL Zucker
Tomatensauce
Tomaten aus der Dose, Saft abgießen
1 TL Salz
½ TL Zucker
½ TL grüne Currypaste
Belag
Mozzarella / Knoblauch / Tintenfisch / Peperoncini / Frühlingslauch / Garnelen / Koriander / Sweet Chili Sauce / Olivenöl / Fleur de Sel

Mehl in eine Schüssel geben und in der Mitte eine Mulde machen. In einem Messbecher das Wasser mit Zucker, Salz und Olivenöl gut verrühren, bis sich Zucker und Salz aufgelöst haben. Das Wasser darf maximal 38 °C haben. Mit einem Holzlöffel zu einem Teigklumpen verrühren. Diesen dann auf der Arbeitsfläche mit Mehl zu einer glatten Kugel kneten. Etwa 10 Min. an einem warmen Ort ruhen lassen. Mehl auf Arbeitsfläche verteilen, Teig in 4 Stücke teilen und je ein Teigstück mit dem Nudelholz auf einer bemehlten Arbeitsfläche zu runden Pizzen formen.
Für die Tomatensauce die Tomaten in ein Sieb geben und den Saft auffangen. Das Tomatenfleisch mit Salz, Olivenöl, Zucker und Currypaste mixen. Mozzarella gut abtropfen lassen, mit Küchenkrepp trockentupfen und in kleine Stücke reißen.

Pizzen mit Sauce, Mozzarella und den restlichen Zutaten belegen.
Pizzen bei 250–280 °C im vorgeheizten Backofen (am besten auf einem Pizzastein) etwa 4 Min. backen. Mit Olivenöl und Fleur de Sel verfeinern.

**Öffnungszeiten**

Mo-Fr: 8.00 - 19.00 Uhr

Sa: 8.00 - 14.00 Uhr

Quartiersladen eG

Vauban-Allee 18

79100 Freiburg

0761 401 97 72

www.quartiersladen.de

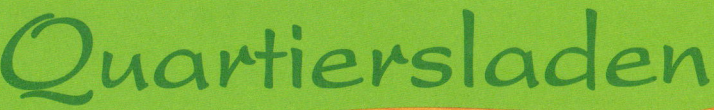

Quartiersladen

natürlich biologisch einkaufen

64

Currywurst mit Pommes frites und Mango-Ketchup | Rezept Seite 76

„Ein schönes Stück Fleisch kann man nach dem Braten noch glasieren, um ihm eine würzig-süßliche Note zu verleihen. Mit Lack bestrichene Geflügelhaut wird unter dem Grill nochmal extra knusprig."

66

Entenbrust mit Kokos-Klebreis | Rezept Seite 77

Lammkoteletts | Rezept Seite 77

„Das weiße Bohnenpüree ist eine tolle Beilage zu Fleisch. Mit fein gehackten Kaffir-Limettenblättern erhält es den nötigen Kick. Durch die Zugabe von Olivenöl oder Butter wird das Püree richtig schön geschmeidig."

Gegrillte Schweinespieße mit Sternanis und
Hähnchenspieße mit Kurkuma und Vanille | Rezept Seite 78

Hähnchen mit Cashewnüssen | Rezept Seite 78

Kalbsbäckchen in Kokos geschmort| Rezept Seite 80

Tafelspitz in Zitronengras-Sud mit Thai Auberginen | Rezept Seite 80

74

Rehkeule mit Balsamicofeigen und Steinpilzen | Rezept Seite 81

## Thai Frikadelle

250 g Hackfleisch
1 TL geröstete schwarze Pfefferkörner
1 EL Zitronengras
2 Knoblauchzehen
1 EL Korianderwurzel
1 TL Salz
1 Ei
1 EL Sojasauce
2 EL Austernsauce
6 EL Tapiokamehl
Erdnussöl zum Frittieren

Die Pfefferkörner in einer Pfanne kurz anrösten und im Mörser zerstoßen. Zitronengras, Knoblauch und Korianderwurzel fein hacken. Alle Zutaten in einer Schüssel verrühren. Zuletzt das Tapiokamehl dazugeben. Alles miteinander vermischen, zu kleinen Nocken formen und in einem Topf mit Öl ausbacken. Auf Küchenkrepp abtropfen lassen.

**Tipp:** Statt eingeweichtem Brötchen nimmt man bei diesen Frikadellen Tapiokamehl; ein Stärkepulver aus Maniok hergestellt. Das sorgt bei den kleinen Frikadellen für eine lockere und luftige Konsistenz

## Currywurst mit Pommes frites und Mango-Ketchup

1 EL Sonnenblumenöl
1 Dirr´s Kalbsbratwurst ohne Haut
4 Cherrytomaten geviertelt
1 kleine Zwiebel in dünne Streifen geschnitten
2 EL Mango-Chutney
1 EL Sweet Chili Sauce
1 TL mildes Currypulver
1 Prise Fleur de Sel
etwas gehackter Koriander
Currypulver zum Bestreuen

Kalbsbratwurst in Scheiben schneiden. Rundherum goldgelb anbraten, herausnehmen und mit einem Küchenkrepp abtupfen. Zwiebeln mit den Tomaten in der Pfanne anschwitzen. Das Currypulver hinzufügen und etwa 1 Min. bei mittlerer Hitze mitrösten. Mit Mango-Chutney und Sweet Chili Sauce ablöschen und den Herd ausschalten. Die Bratwurst wieder in die Pfanne geben und in der Sauce schwenken. Mit Fleur de Sel und Koriander verfeinern. Mit Currypulver bestäuben.

## Pommes frites

4 große mehlig kochende Kartoffeln
500 ml Erdnussöl
grobes Meersalz
Salz

Kartoffeln schälen und in fingerdicke Balken schneiden. In sprudelndem Wasser 2 Min. abkochen. Herausnehmen und gut abtropfen lassen. Erdnussöl in einem Topf auf etwa 200 °C erhitzen und die Pommes frites knusprig goldgelb ausbacken. Kurz vor dem Servieren mit Salz und Fleur de Sel würzen.

**Tipp:** Ein Hauch Chilipulver gibt eine pikante Note.

## Mango-Ketchup

1 reife Mango
2 EL Rohrohrzucker
1 kleine Zwiebel
2 EL Apfelessig
1 Prise Salz
¼ TL frischer Ingwer, fein gerieben
Saft von ½ Limette
Meersalz
Pfeffer aus der Mühle
1 Prise gemahlenes Chilipulver

Die Mango schälen und in Würfel schneiden. Den Zucker in einem Topf mit einem Schluck Wasser leicht karamellisieren, bis er goldgelb ist. Die Zwiebel in feine Würfel schneiden, hinzugeben und mit dem Essig ablöschen. Die gewürfelte Mango, Ingwer und Limettensaft in den Topf geben, eventuell etwas Wasser dazugeben. Alles weich kochen. Mit dem Mixstab pürieren, mit Salz, Pfeffer und Chili abschmecken.

**Tipp:** Im Kühlschrank aufbewahrt etwa eine Woche haltbar.

## Entenbrust

1 Entenbrust
Salz und Pfeffer
Sonnenblumenöl
**Lack**
1 TL Honig
1 TL Austernsauce
1 TL Sojasauce
1 TL Kokosblütenzucker

Die Hautseite mit einem Messer einritzen, die Entenbrust mit Salz und Pfeffer würzen und auf der Hautseite etwa 4 Min. bei mittlerer Hitze knusprig anbraten. Entenbrust wenden und auf der Fleischseite etwa 1 Min. anbraten. Herausnehmen und auf ein Gitter mit Backblech setzen. 15 Min. im vorgeheizten Backofen bei 125 °C garen. Backofen ausschalten und die Türe ganz öffnen und in der Restwärme die Entenbrust 10 Min. ruhen lassen.

**Für den Lack:**
Honig mit Austernsauce, Sojasauce und Kokosblütenzucker verrühren, bis sich der Zucker aufgelöst hat. Die Entenbrust 3 Min. vor dem Servieren mit der Mischung einpinseln und mit der Grillfunktion knusprig grillen. Achtung, die Sauce kann sehr schnell verbrennen.

**Tipp:** Entenbrust wird hauptsächlich auf der Hautseite gebraten und gegart. Nur so wird die Haut richtig schön knusprig.

## Lammkoteletts

12 Lammkoteletts
1 TL Koriandersamen
1 TL Kreuzkümmelsamen
2 Lorbeerblätter
1 Prise Chilipulver
1 Knoblauchzehe
Olivenöl
Fleur de Sel

Gewürze mit der geschälten Knoblauchzehe im Mörser zu einer Paste zerstoßen. Olivenöl hinzugeben und die Lammkoteletts damit marinieren.
Eine Pfanne mit Olivenöl erhitzen und die Lammkoteletts von jeder Seite etwa 2 Min. scharf anbraten. Fleisch aus der Pfanne nehmen und abgedeckt etwa 5 Min. ruhen lassen. Mit Fleur de Sel würzen.

## Weißes Bohnenpüree

100 g getrocknete weiße Bohnen
1 Zwiebel
1 Knoblauchzehe
Olivenöl
100 ml Milch
200 ml Brühe, ersatzweise Wasser
3 Kaffir-Limettenblätter
Schale von ½ Limette
Salz und Pfeffer

Bohnen 24 Std. in Wasser einweichen. Im Einweichwasser kochen, bis sie weich sind. Zwiebeln und Knoblauch in Olivenöl anschwitzen. Bohnen hinzugeben und mit Milch und Brühe aufgießen. Mit dem Mixer fein pürieren. Kaffir-Limettenblätter fein hacken, Limettenschale fein abreiben und beides unter das Püree heben. Mit Olivenöl, Salz und Pfeffer abschmecken.

**77**

## Gegrillte Schweinespießchen mit Sternanis

300 g Schweinehals
10 Holzspieße
**Marinade**
2 Stück Sternanis
½ TL schwarzer Pfeffer
1 EL Koriander
1 Knoblauchzehe
2 TL Kokosblütenzucker
1 EL dunkle Sojasauce
2 EL Fischsauce
2 EL Austernsauce

Das Fleisch in dünne Scheiben schneiden. Pfeffer und Sternanis im Mörser zu Pulver zerstoßen. Knoblauch und Koriander hacken, hinzugeben und zu einer feinen Paste verrühren. Sojasauce, Fischsauce, Kokoszucker und die Paste miteinander verrühren. Das Fleisch über Nacht darin marinieren. Anschließend abtropfen lassen, auf Spießchen stecken und bei mittlerer Hitze grillen oder braten.

## Hähnchenspieß mit Kurkuma und Vanille

2 Hühnerkeulen
1 Knoblauchzehe
1 Stange Zitronengras
1 Prise Salz
frischer Koriander
1 TL Kokosblütenzucker
1 TL Fischsauce
1 TL Kurkumapulver

½ Vanilleschote ausgekratzt
½ TL Pfefferkörner
2 EL Sonnenblumenöl
Fleur de Sel

Die Hühnerkeulen entbeinen und die Haut entfernen. In 2 cm große Würfel schneiden. Pfeffer im Mörser zu einem feinen Pulver zerstoßen. Knoblauch, Zitronengras und Koriander fein hacken und im Mörser mit Salz zu einer feinen Paste zerstoßen. Mit Kokosblütenzucker, Kurkumapulver, ausgekratzter Vanilleschote, Fischsauce und Sonnenblumenöl mischen. Das Fleisch darin marinieren. Dann auf die Spießchen stecken und in der Pfanne bei mittlerer Hitze etwa drei Minuten von jeder Seite braten. Mit Fleur de Sel bestreuen und servieren.

**Tipp:** Am besten schmecken die Spießchen vom Holzkohlengrill. Ich bepinsle sie dann mit etwas Kokosfett, welches auf die glühenden Kohlen tropft. Dabei werden die Spießchen ganz leicht geräuchert und bekommen einen unvergesslichen Geschmack.

## Hähnchen mit Cashewnüssen

250 g Hähnchenbrust
50 g Cashewkerne
1–2 getrocknete Chilis
1 EL Fischsauce
2 EL Austernsauce
3 EL Brühe oder Wasser

½–1 TL Kokosblütenzucker
4 EL Erdnussöl
4–5 Knoblauchzehen gehackt
1 rote Peperoni
1 Karotte
1 kleine Zwiebel
2 Frühlingszwiebeln
weißer Pfeffer gemahlen

Hähnchenbrust in dünne Scheiben schneiden. Fischsauce, Kokosblütenzucker, Austernsauce und Wasser in einer Schüssel vermischen. Öl im Wok erhitzen und bei mittlerer Hitze die Cashewkerne frittieren und herausnehmen. Knoblauch fein hacken und zusammen mit dem Hähnchen im gleichen Öl goldgelb 3–4 Min. bei hoher Temperatur rösten. Die Karotte und die Zwiebeln in Streifen schneiden, Peperoni mit Kernen in Ringe schneiden, alles hinzugeben und ca. 2 Min. unter Rühren anbraten. Mit der Sauce ablöschen und kurz einköcheln lassen. Cashewnüsse und Frühlingszwiebeln hinzugeben, mit Fischsauce und dem gemahlenen Pfeffer abschmecken.

**Tipp:** Cashewkerne schmecken in etwas Fett geröstet am allerbesten. Mit Salz und Chilipulver würzen, solange sie noch warm sind. Sonst haftet das Gewürz nicht mehr an den Nüssen.

METZGEREI & WURSTEREI

# Peter Dirr

SEIT 1897

Mo-Sa: 8.00 Uhr - 12.30 Uhr
14.30 Uhr - 18.00 Uhr
Mi: 8.00 Uhr - 12.30 Uhr

Öffnungszeiten Wiehremarkt:
Mi: 14.00 Uhr - 18.30 Uhr
Sa: 8.00 Uhr - 13.00 Uhr

Königschaffhauserstr. 17 | 79346 Endingen a. K.
Telefon 07642 1627
post@metzgerei-dirr.de

**www.metzgerei-dirr.de**

1 Stück Galgant
6 Kaffir-Limettenblätter
2-3 Schalotten
2-3 Knoblauchzehen
3 EL Fischsauce
1 TL schwarze Pfefferkörner
1 Bund thailändischer Basilikum

Die Kalbsbäckchen etwa 2 Min. in leicht gesalzenem Wasser blanchieren. Schalotten und Knoblauch grob hacken. Von der Kokosmilch den festen oberen Rand abschöpfen und erhitzen. Currypaste, Schalotten und Knoblauch darin sanft anbraten. Mit der restlichen Kokosmilch ablöschen. Zitronengras und Galgant in Scheiben schneiden. Die Limettenblätter anreißen. Alle Zutaten zusammen mit den Kalbsbäckchen in die Kokosmilch geben und etwa 90 Min. sanft köchelnd gar ziehen lassen. Mit Fischsauce abschmecken. Den Basilikum in feine Streifen schneiden und darüber streuen.

1 TL Salz
4 Stangen Zitronengras
2 Zehen Knoblauch
2 Schalotten
1 Handvoll gemischte Thai Auberginen
2 Karotten
1 Bund Frühlingslauch
1 Bund Koriander
6 schwarze Pfefferkörner
Saft von 1 Limette

Fleisch und Knochen in sprudelndes Wasser geben und einmal aufkochen. Wasser abgießen, Fleisch und Knochen abbrausen und im Topf mit kaltem Wasser und Salz langsam zum Kochen bringen. Auf kleiner Flamme etwa 90 Min. köcheln lassen, und dabei immer wieder den zu Beginn aufsteigenden Schaum vorsichtig abschöpfen. Zitronengras mit dem Messerrücken aufschlagen, Knoblauch andrücken, Schalotten grob würfeln und nach etwa 60 Min. beigeben. Das Fleisch ist gar, wenn es langsam von der Gabel rutscht. Aus dem Sud nehmen und etwas abkühlen lassen, damit es sich besser schneiden lässt. Den Fond abpassieren. Die Auberginen je nach Größe halbieren, Karotten in Strei-

80

**Tipp:** Über Nacht bei kleinster Stufe geköchelt, wird das Suppenfleisch besonders zart.

# Rumpsteak medium gebraten

500 g Rumpsteak
Sonnenblumenöl
grober schwarzer Pfeffer
Salz
Fleur de Sel
Butter
frische Kräuter
Thai - Bearnaise
3 Eigelbe
1 TL weißer Balsamicoessig
3 EL Weißwein
1 EL Thai Aromen (Zitronengras, Limettenblätter, Knoblauch)
120 g Butter
Salz und Pfeffer
1 Spritzer Limettensaft

Den Backofen auf 80 °C vorheizen. Das Steak mit Salz leicht würzen und in einer Pfanne mit Sonnenblumenöl von jeder Seite etwa 2 Min. scharf anbraten. Auf ein Backblech setzen und 30 Min. im Ofen garen. Dabei ab und zu wenden. Butter in einer Pfanne mit Kräutern aufschäumen und das Fleisch 2 Min. darin wenden. Mit grobem Pfeffer und Fleur de Sel würzen.

**Tipp:** Fleisch 1 Std. vor dem Braten aus dem Kühlschrank nehmen, damit es Zimmertemperatur bekommt. Am besten ein Stück mit einer schönen Fettschicht verwenden, denn diese schützt das Fleisch und gibt zudem einen guten Geschmack. Zum Braten eignet sich eine gusseiserne Pfanne am besten.

Butter langsam zerlassen und braun werden lassen, bis sich die Molke absetzt. Durch ein mit Küchenpapier ausgelegtes Sieb seihen. Eigelbe mit dem Weißwein und dem Essig verrühren und mit dem Schneebesen in einer Schüssel im Wasserbad schaumig schlagen. Die flüssige Butter erst tröpfchenweise, dann in feinem Strahl unter die Mas-

# Rehkeule mit Balsamicofeigen und Steinpilzen

600 g Rehkeule
schwarzer Pfeffer
Fleur de Sel
Butter
Olivenöl
Balsamicofeigen
5 frische Feigen
50 g Zucker
200 ml Rotwein
100 ml Balsamicoessig
2 EL Cassislikör
1 Vanilleschote
1 Nelke
½ Zimtstange
10 g Maisstärke
1 EL Rotwein extra
Salz
Gebratene Steinpilze
200 g Steinpilze
2 EL Butterschmalz
Salz und Pfeffer
glatte Petersilie

Den Backofen auf 130 °C vor-

**Tipp:** Meine eingelegten Feigen in Balsamico runden jedes Wildgericht ab. Den Fond etwas einreduziert als Sauce dazu macht dies zu einem raffinierten Gericht, das schnell zubereitet ist.

Feigen vierteln. Rotwein, Essig und Cassislikör in einer Schüssel verrühren. Zucker karamellisieren und mit der Mischung ablöschen. Die Gewürze hinzufügen und etwas einköcheln lassen. Maisstärke in 1 EL Rotwein anrühren und den Fond damit abbinden, Gewürze entfernen und den Fond über die Feigen im Glas geben.

**Tipp:** Im Kühlschrank aufbewahrt sind die Balsamicofeigen mehrere Wochen haltbar.

Die Steinpilze putzen, halbieren, in Scheiben schneiden und im Butterschmalz goldgelb anbraten. Mit Salz und Pfeffer würzen und mit gehackter Petersilie verfeinern.

„Beim Karamellisieren dem Zucker immer schon zu Beginn ein wenig Wasser beigeben. Er karamellisiert langsamer, gleichmäßiger und er verbrennt nicht so schnell."

Karamellisierte Bananen | Rezept Seite 92

Schokoladen-Erdnussmousse | Rezept Seite 92

Kaffir-Limettensauce | Rezept Seite 92

„Außen knusprig, innen zartschmelzend
und in Kombination mit der erfrischenden
Kaffir-Limettensauce eines meiner Lieblingsdesserts."

Ingwerzwetschgen | Rezept Seite 94

„Frühlingsrollen mit Beeren oder exotischen Früchten gefüllt sind ein köstlich erfrischendes Dessert. Da die Früchte beim Garen oft Saft verlieren, gebe ich reichlich Kokosraspel dazu, die den Fruchtsaft aufnehmen. So bleibt die Frühlingsrolle schön knusprig. Gerne serviere ich Honig dazu oder, wie in Asien üblich, gesüßte Kondensmilch aus der Dose.“

Frühlingsrollen mit Beeren und exotischen Früchten | Rezept Seite 94

„Den intensivsten Geschmack haben baumreife Flugmangos.
Sind diese nicht verfügbar, kann alternativ Mangopüree
aus der Dose verwendet werden."

Mango-Vanilleschaum | Rezept Seite 94

## Karamellisierte Bananen

2 EL Honig
2 EL Zucker
3 EL Wasser
2 reife Bananen
3 EL Rum
1 EL Butter

Bananen schälen und in Stücke schneiden. Honig und Zucker mit 3 EL Wasser in die Pfanne geben und langsam karamellisieren lassen. Wenn der Zucker goldbraun ist, die Bananen hinzugeben und glasieren. Die Butter in Flöckchen hinzugeben und schmelzen lassen. Mit Rum ablöschen, kurz einköcheln lassen und warm servieren.

## Schokoladen-Erdnussmousse

40 g gesalzene und geröstete Erdnüsse
50 g Zucker
2 EL Wasser
75 g Zartbitter-Kuvertüre
50 g Vollmilch-Kuvertüre
1 Ei
1 Eigelb
3 EL Irish Cream
300 g Sahne

Die Erdnüsse im vorgeheizten Backofen bei 150 °C etwa 10 Min. erhitzen. Zucker in einer Pfanne mit etwas Wasser karamellisieren. Die Erdnüsse hinzugeben und stetig wenden, bis der Zucker die Nüsse vollständig umschließt. Auf Backpapier gießen, erstarren lassen und grob hacken. Kuvertüre im Wasserbad schmelzen. Eigelb und Ei mit Irish Cream im Wasserbad schaumig schlagen. Die geschmolzene Kuvertüre mit der Ei-Masse mischen, die karamellisierten Erdnüsse einrühren, die Sahne cremig steif schlagen und ein Drittel davon unterrühren. Die restlichen $\frac{2}{3}$ mit dem Gummispatel vorsichtig unterheben, in Gläser füllen und mindestens 2 Stunden kalt stellen.

## Schokoladenkuchen

2 Eier
2 Eigelb
60 g Zucker
100 g Butter
100 g Schokolade 70 %
100 g Mehl
Puderzucker

Eigelb, Eier und Zucker zusammen schaumig schlagen, bis die Masse schön stabil ist und die Struktur des Besens behält. Butter und Schokolade schmelzen und verrühren, bis beides komplett aufgelöst ist. Die Butter-Schokoladenemulsion der Ei-Masse beigeben und mischen. Zuletzt das Mehl vorsichtig unterheben. Förmchen (Kaffeetassengröße) ausbuttern und mit Zucker auskleiden. Bei 195 °C im vorgeheizten Backofen ca. 11 Min. backen.

## Kaffir-Limettensauce

40 g Zucker
4 Eigelbe
8 Kaffir-Limettenblätter
250 g Sahne

Sahne mit Limettenblättern aufkochen. Zucker mit Eigelb schaumig schlagen. Heiße Sahne mit der Ei-Zucker-Masse in einer Schüssel gut verrühren. Sauce in der Schüssel im Wasserbad etwa 5 Min. aufschlagen, bis sie schön sämig wird. Durch ein Sieb passieren, abkühlen lassen und zu dem noch warmen Schokoladenkuchen servieren.

Zigarren ◦ Whisky ◦ Gin ◦ Rum ◦ Edelbrände

# Tabakwaren Holderied

Herrenstrasse 62 ◦ 79098 Freiburg ◦ Telefon 0761.2022033 ◦ Inh. Frank Ernst ◦ www.tabakholeried.de

## Pancake

3  Eier
250 ml Milch
150 g Mehl
1 Prise Salz
50 g Vanillezucker
10 g Zucker
25 g Butter
Puderzucker

Eier trennen. Eigelb mit Milch, Salz und Vanillezucker vermengen. Mehl einrühren. Eiweiß mit 10 g Zucker steif schlagen und unter die Masse geben. Butter in einer Pfanne zerlassen und den Teig hinzugeben. Den Pancake mit wenig Hitze 3–4 Min. anbacken. Im vorgeheizten Backofen bei 200 °C Umluft etwa 5 Min. goldbraun backen. Mit Puderzucker bestreuen und unter dem Grill karamellisieren.

## Ingwerzwetschgen

300 g Zwetschgen
Schale von ¼ Zitrone
Schale von ¼ Orange
200 ml Rotwein
150 g Zucker
5 Scheiben Ingwer
½ Vanilleschote
½ Zimtstange

2 Sternanis
1 EL Zwetschgenbrand

Die Zwetschgen entkernen und vierteln. Zucker mit etwas Wasser bedecken und im Topf erhitzen. Langsam zu einem hellbraunen Karamell kochen. Mit Rotwein ablöschen und mit Ingwer, Vanillemark und den Gewürzen aufkochen. Die Zwetschgen hinzugeben und gar ziehen lassen. Mit Zwetschgenbrand verfeinern.

**Tipp:** Noch heiß in Einmachgläser füllen und gut verschließen. So sind die Zwetschgen, kühl und dunkel gelagert, etwa ein Jahr haltbar.

## Frühlingsrollen mit Beeren und exotischen Früchten

Frühlingsrollenteig (Asia Laden)
frische Beeren nach Saison
Früchte wie Banane, Mango, Ananas
Kokosblütenzucker
Kokosrapsel
1 EL Mehl
2 EL kaltes Wasser
Sonnenblumenöl
1 EL Puderzucker

Teig diagonal vor sich legen. Mehl und Wasser verrühren und die Teigkanten damit rundherum einpinseln. Mit Kokosraspeln und Kokosblütenzucker bestreuen. Früchte auf eine Hälfte legen und die Spitze parallel einklappen.

Die beiden Seiten ebenso einklappen und alles eng zu einer Rolle formen. In heißem Sonnenblumenöl knusprig ausbacken, auf einem Küchenkrepp abtropfen lassen und mit Puderzucker bestreuen.

## Mango-Vanilleschaum mit Chili

1 reife Mango
oder 250 g Mangopüree
1 Vanilleschote
Saft von ½ Limette
15 ml Kokoslikör
2 Blatt Gelatine
150 ml Sahne
½ TL Chilipulver

Die Mango schälen und das Fruchtfleisch vom Kern schneiden. Mit einem Mixer pürieren. Mit Vanillemark und Limettensaft abschmecken. Gelatine in kaltem Wasser einweichen. Kokoslikör erhitzen und Gelatine darin auflösen. In das Püree einrühren. Sahne einrühren und durch ein Sieb in die Espuma Flasche (Isi Gourmet Whip) füllen. Kapsel einschrauben und 2 Stunden kalt stellen. Wer keine Espuma Flasche besitzt, kann die Sahne cremig-steif schlagen und vorsichtig unterheben. Anschließend in Dessertgläschen spritzen und mit einem Hauch gemahlenem Chilipulver bestreuen.

# „ZU EINEM GUTEN ESSEN GEHÖREN BROT UND WEIN"

Die Bäckerei Bühler in der Freiburger Wiehre ist seit Jahrzehnten eine feste Institution und womöglich die erste Adresse, wenn es um die begehrtesten Croissants der Stadt geht. *Alexander Bühler* lebt sein Handwerk mit leidenschaftlicher Freude und das schmeckt man einfach. Gemeinsam mit dem *Fotografen Michael Wissing* lädt er ein auf einen Blick hinter die Kulissen: Ausgewählte Rezepte vom Badischen Landbrot bis zur Rüblitorte, begleitet von wertvollen Tipps und Gedanken des Meisters selbst, machen das Buch zu einem wahren Schatz für alle, die sich schon immer einmal ein kleines Stück Bäckerei Bühler in die heimische Küche zaubern wollten.

Welchen Stellenwert hat der badische Wein? Welche Rebsorten gibt es? Was passiert im Keller? Wie entstehen die Aromen? Warum werden sie immer so blumig beschrieben? Was sagen Weinprämierungen und Tests aus? Welcher Wein passt zu einem typisch badischen Essen? Was muss für eine Flasche guten badischen Weins bezahlt werden? Fragen über Fragen, die in diesem Buch beantwortet werden. Es lädt zu einer *Wein-Lesereise durch Badens Rebberge und Keller*, bietet Informationen und Hintergründe für Einsteiger und Fortgeschrittene. Ein wertvolles Kompendium für alle, die mehr über die besten Weine aus Baden wissen wollen.

MEIN TÄGLICH BROT
ALEXANDER BÜHLER
UMFANG: 176 Seiten
LADENPREIS: 24,90 inkl. MwSt.
ISBN 978-3-9815555-0-9

DIE BADISCHE REVOLUTION
DAS WEINBUCH
UMFANG: 140 Seiten
LADENPREIS: 19,90 inkl. MwSt.
ISBN 978-3-9815555-4-7

## Andreas Dilger

Andreas' Weine sind außergewöhnlich. Nicht nur der Namen wegen, wie Solaris, Johanniter, Pinotin oder Roter Georges, sondern weil er Pionier für pilzwiderstandsfähige Rebsorten (kurz PiWis) ist und ausschließlich diese anbaut. Sein Weingut ist in der Stadt. Seine Weinberge befinden sich auf dem Schönberg in Freiburg St. Georgen. Hier wachsen Wildkräuter und Gräser. Insekten aller Art haben hier ein Zuhause. Seine Arbeitsweise und seine Weine beeindrucken mich und ergänzen meine Gerichte am Tisch wunderbar.

## Arnold Einrichtungskultur

Mein Küchentisch: Essen. Trinken. Feiern. Backen. Kochen. Ausrollen. Schälen. Lesen. Sich sammeln. Mit Familie. Mit Freunden. Mit Gästen. Mit Nachbarn. Oder alleine. Passt zum Stuhl. Mein Küchenstuhl: Sitzen. Wohlfühlen. Einladen. Sitzenbleiben. Wohler fühlen. Mit Familie. Mit Freunden. Mit Gästen. Mit Nachbarn. Oder alleine. Passt zum Tisch.

## Die Küche

Nicht nur chic und zeitlos, sondern äußerst funktional, praktisch und langlebig. Durchdachte und individuelle Lösungen für mein Zuhause: meine Küche, die meinen hohen Anforderungen entspricht. Dank der kompetenten Beratung, der langjährigen Erfahrung und dem Service von Marc Boehlkau und seinem Team. Direkt unter der Kochschule. Was für ein Glück.

## Fischhaus Freiburg

Ein Haus, das mehrmals wöchentlich auf dem Freiburger Markt steht. Ansonsten ist Ali vom Fischhaus Freiburg eher auf der Autobahn zwischen Paris und Freiburg anzutreffen. Denn zweimal wöchentlich fährt der passionierte Fischhändler auf den Großmarkt Rungis nahe Paris und versorgt uns dadurch mit den feinsten Produkten aus dem Meer. Nirgends sonst in Freiburg bekommen Sie tolle Meeresfische, Kalamares, Pulpo, Garnelen, Austern und vieles mehr in dieser unglaublichen Frische. Nicht ohne Grund beliefert er auch die gehobene Gastronomie.

## Frank Ernst

Mit Frank Ernst von Holderied biete ich zwei bis drei Mal im Jahr Kochkurse mit Tastings von Whisky, Gin oder Rum an. Ich finde es total spannend, mit hochwertigen Spirituosen zu kochen und diese dann mit Genuss zum Essen zu servieren.

## Metzgerei Dirr

Keine Kompromisse beim Fleisch. Die Metzgerei Dirr verarbeitet ausschließlich Fleisch von ausgesuchten Bauernhöfen aus unserer Region. Vertraglich festgelegt. Seit 3 Generationen. Für mich ist Markus Dirr mein Metzger des Vertrauens. Ich kann auf ihn zählen, was die Qualität und vor allem die perfekte Reife des Fleisches angeht. Seine Schinken- und Salamispezialitäten runden meine Küche kreativ ab.

## Quartiersladen eG

Nicht alles kann ich auf dem Markt kaufen. Dafür in einem Marktladen. Im Quartiersladen im Vauban beeindruckt mich die reiche Auswahl an Bioprodukten, die ich für meine Küche brauche. Wer hier einen riesigen Supermarkt mit langen Gängen erwartet, hat sich getäuscht. Der kleine moderne Laden begeistert mich und viele andere Kunden mit Grundprodukten, extrem frischem Obst, Gemüse und unglaublich freundlichem Personal.

## Schafferer

Gutes Handwerkszeug ist in einer guten Küche genauso wichtig wie die frischen Produkte. Was macht es mir für eine Freude, wenn ich ein tolles Messer in der Hand halte, das mein Gemüse exakt schneidet, tolle Küchenmaschinen mir die Arbeiten erleichtern und ich im Anschluss mein Essen mit tollen Accessoires auf eleganten Tellern von Schafferer anrichten kann. Ein schön gedeckter Tisch gehört doch letztendlich auch dazu. Ich finde es so wunderbar, dass es dieses Geschäft in Freiburg gibt.

## Tukan Tofu

Wer behauptet, dass Tofu nicht schmeckt, der hat es vermutlich nicht richtig oder gar nicht probiert. Tofu von bester Qualität und sorgfältig zubereitet ist nicht nur eine tolle Ergänzung meiner Gerichte, sondern auch für Vegetarier ein gesunder Ersatz für Fisch und Fleisch. Toll finde ich, dass Tukan Tofu auf regionale Produkte setzt, Bio und somit gentechnikfrei und zudem ein Freiburger Unternehmen ist.

## Weingut Vorgrimmler

Klaus Vorgrimmlers Weine begleiten die Kochschule von Anfang an. Der Munzinger Winzer arbeitet nach Demeter Richtlinien im Einklang mit Mensch, Natur und Geist. In seinen exponierten Lagen am Tuniberg gedeihen seine Burgunderreben. Seine besonderen Weine begeistern mich und meine Kochschüler mit ihrer Kraft und Feinheit immer wieder aufs Neue. Sein Weißburgunder harmoniert perfekt mit meinen asiatischen Speisen.

# Impressum

© 2015 [ edition ] rombach
ISBN 978-3-9815555-6-1
**Herausgeber:** C. Hodeige und M. Wissing
**Fotografie:** M. Wissing und J. Andres; **Fotoassistent:** P. Jaroslawski; **Art Direktion:** J. Urban; **Satz und Layout:** A. Weigl;
**Postproduktion und Retusche:** J. Andres; **Rezepte:** B. Kindler; **Korrektorat:** V. Funke; **Druck:** Burger Druck GmbH

[ edition ] rombach info@edition-rombach.de; Rombach Edition KG; Neudorfstr. 1; 79297 Winden; www.edition-rombach.de